गंगा नदी

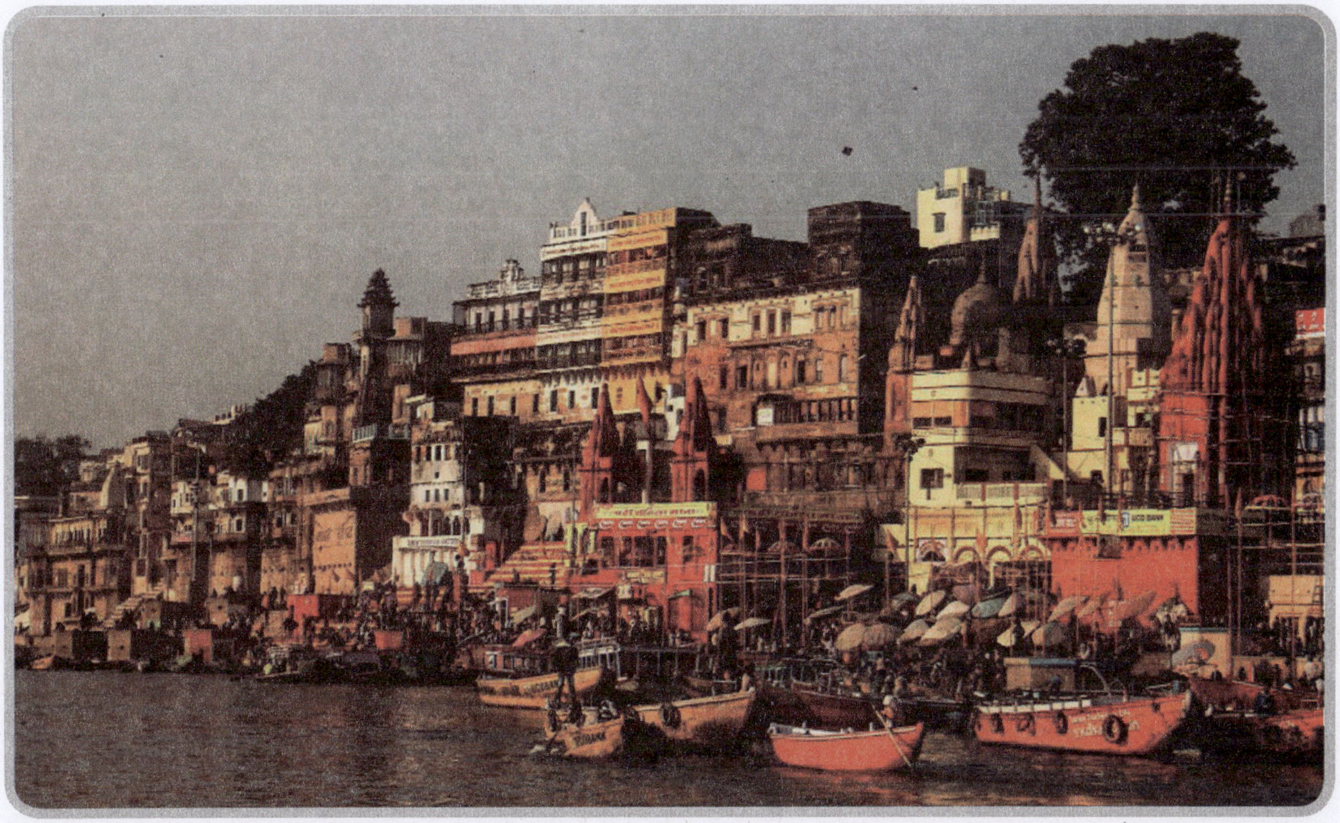

यमुना नदी

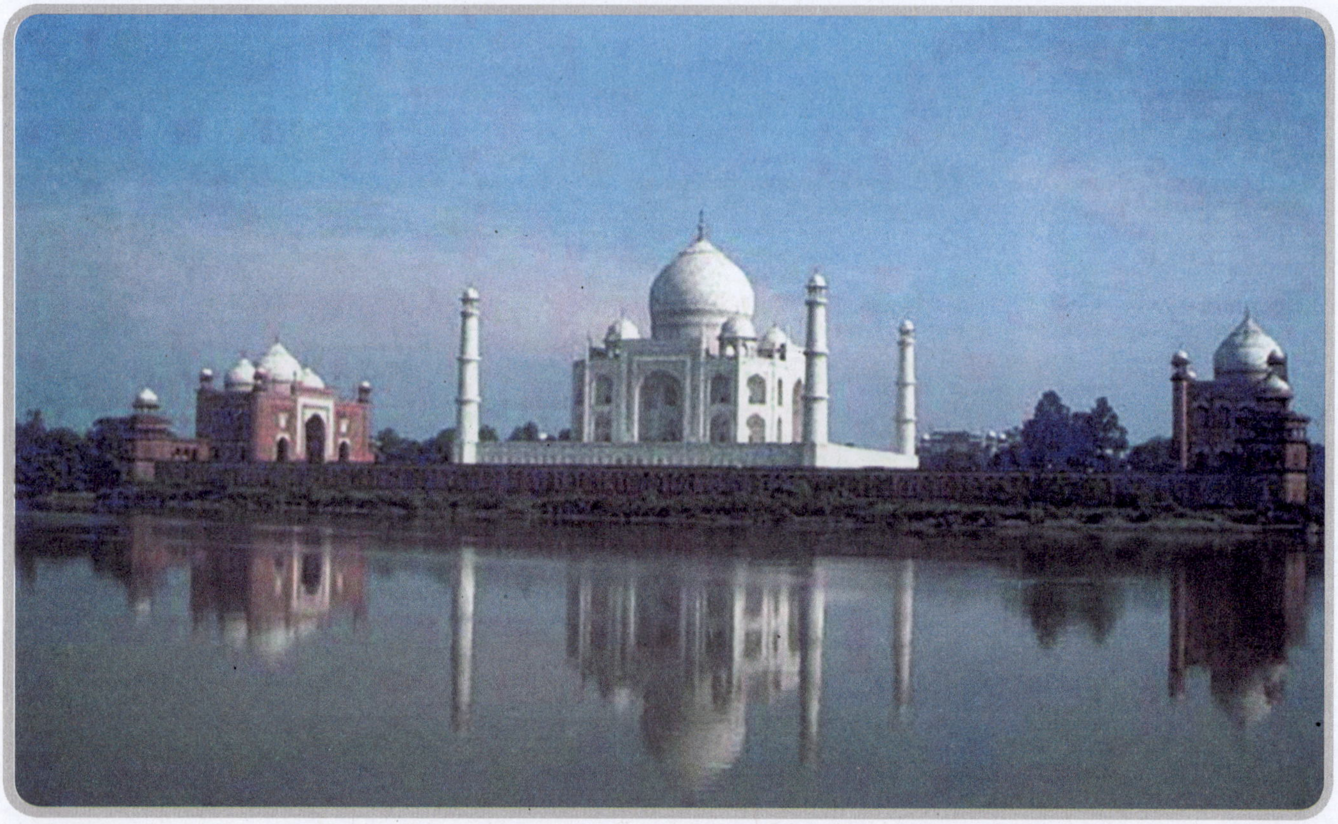

घाघरा नदी

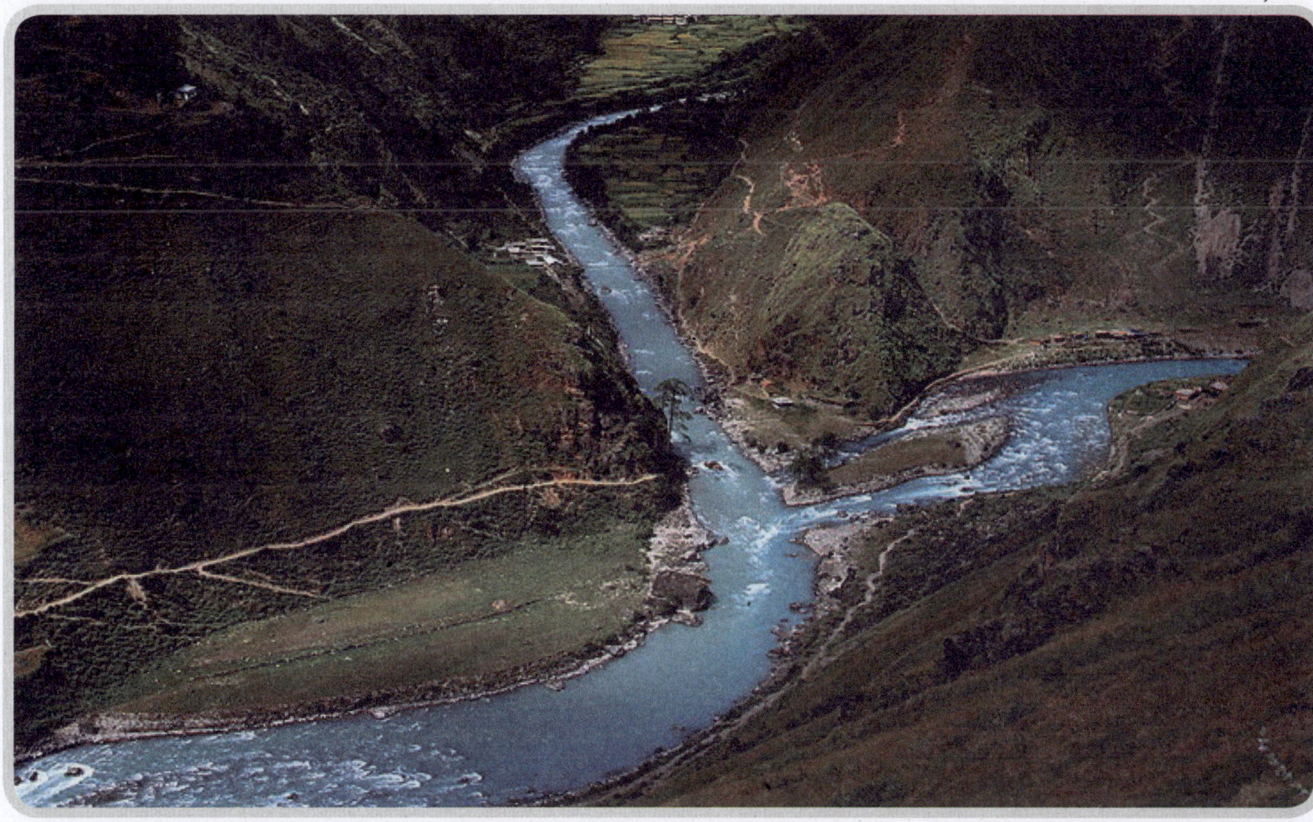

उम्गोत नदी

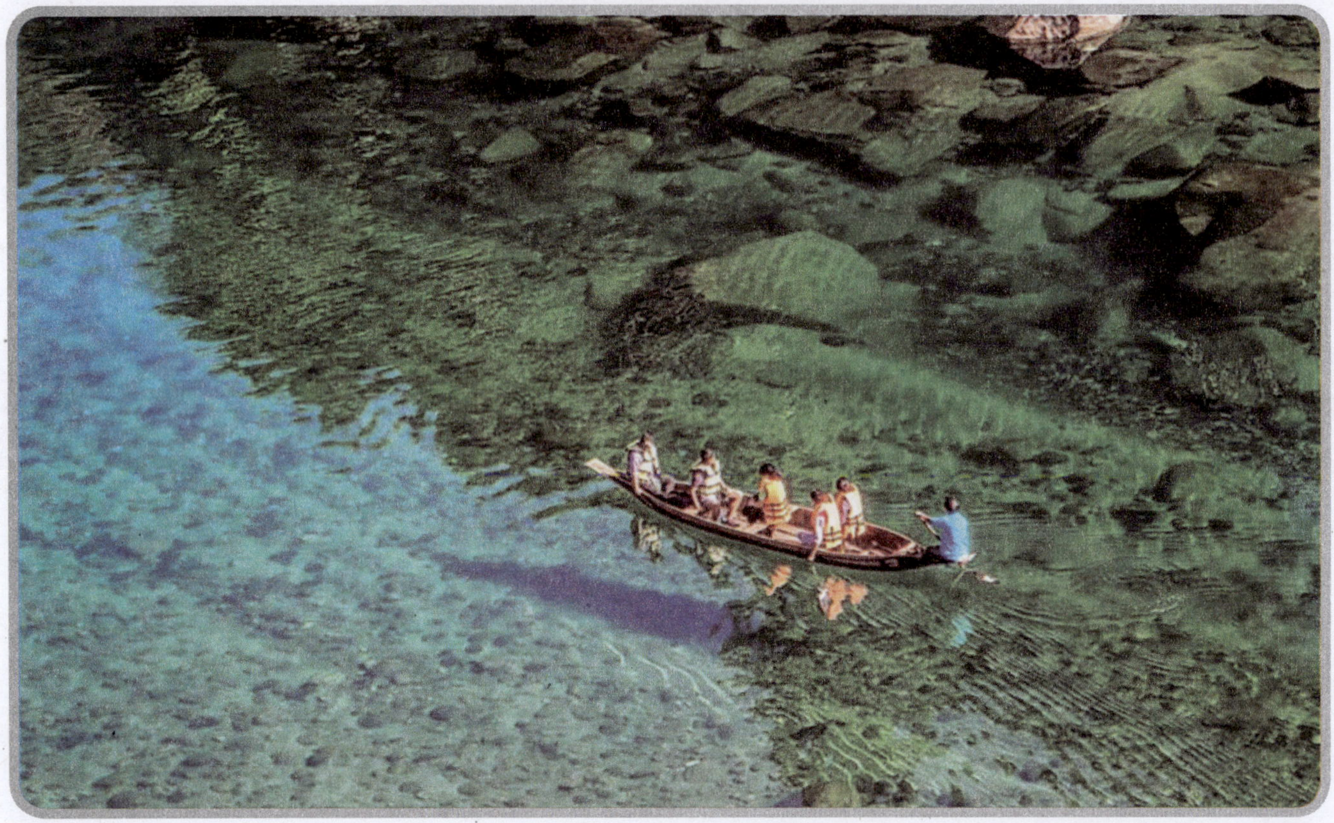

वुलर झील

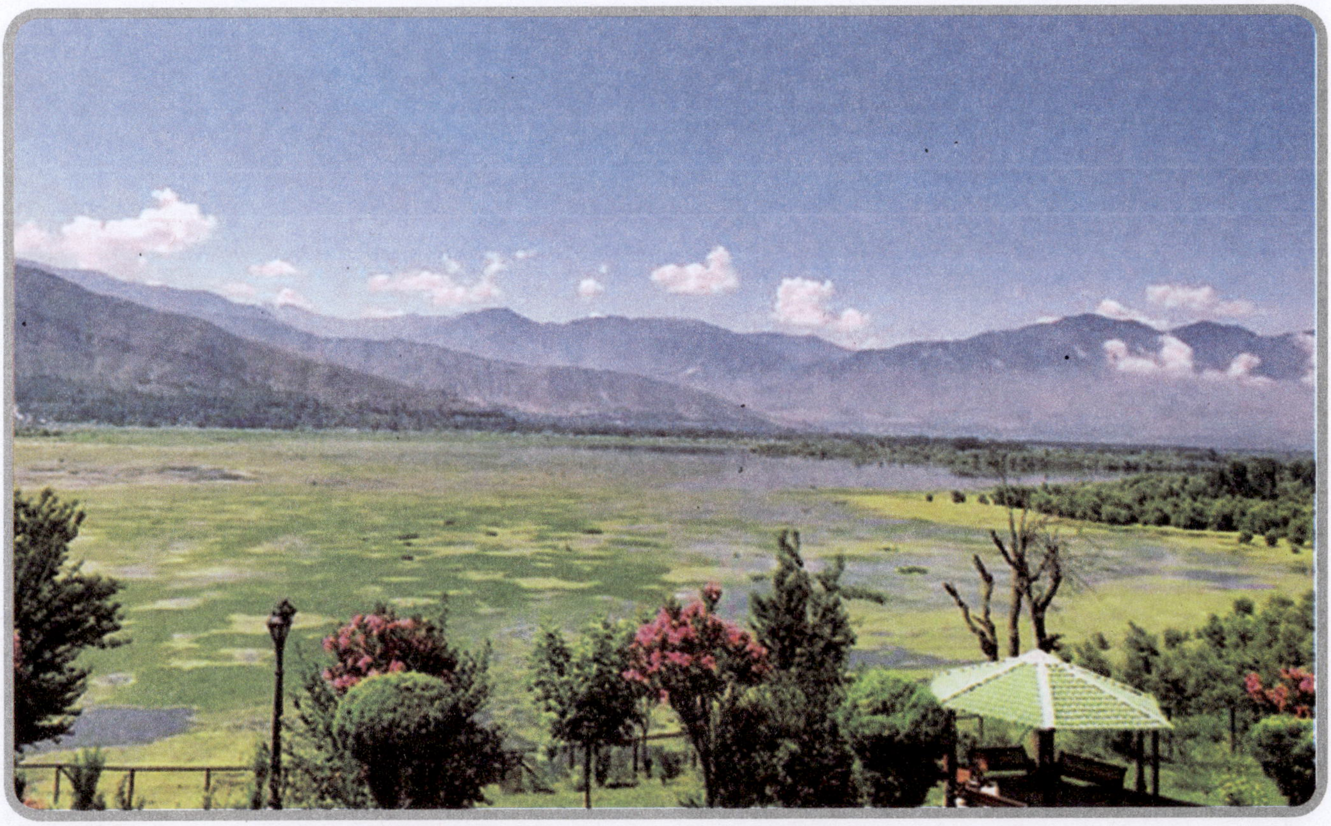

चिलका झील

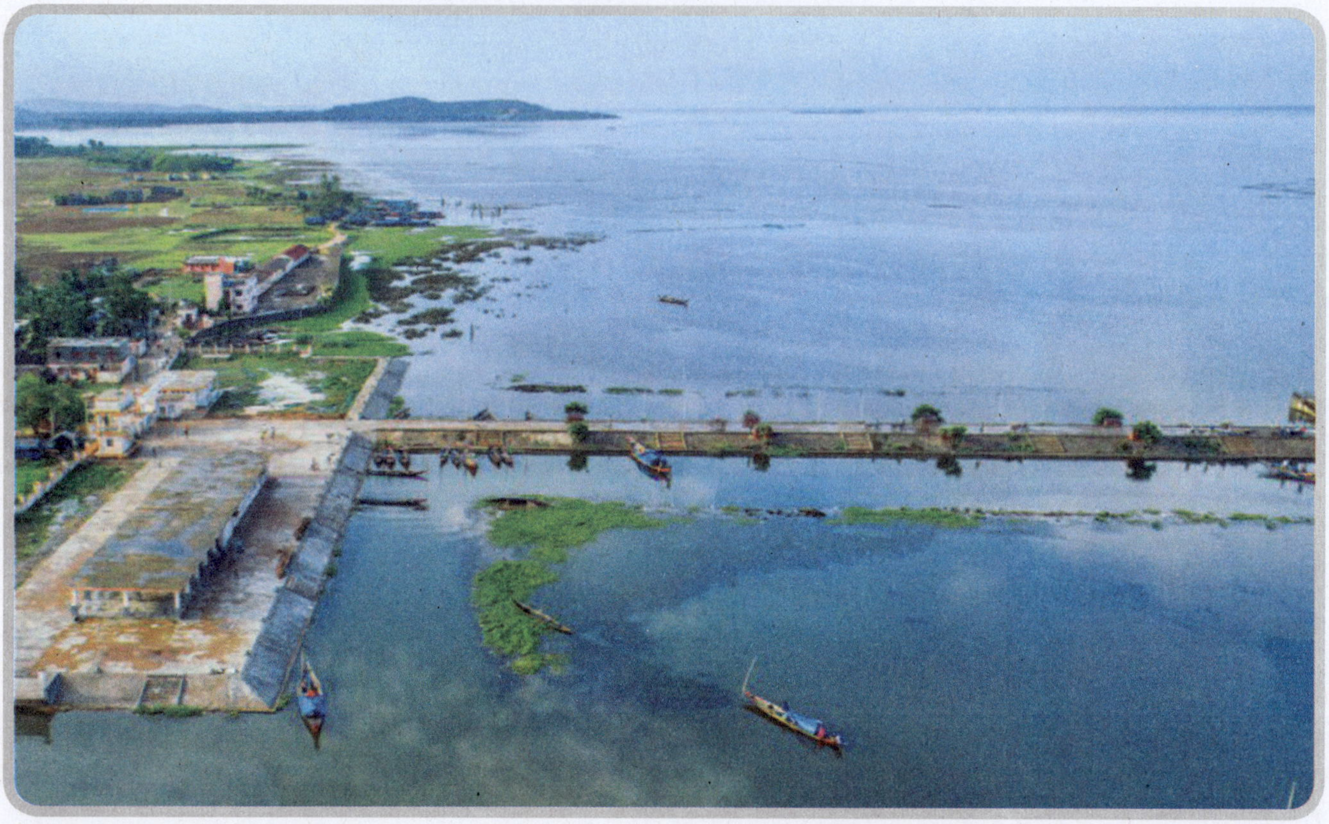

चंबल नदी

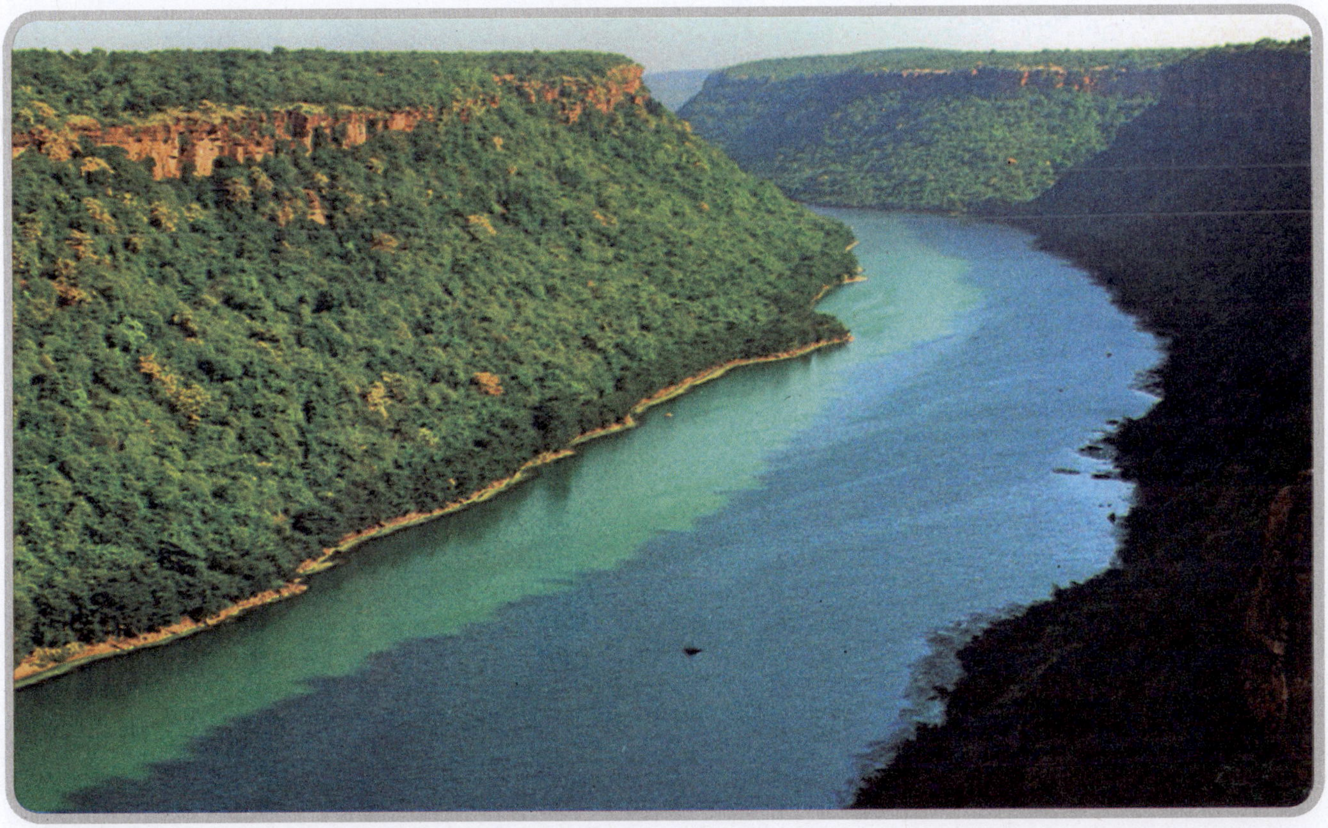

कृष्णा नदी

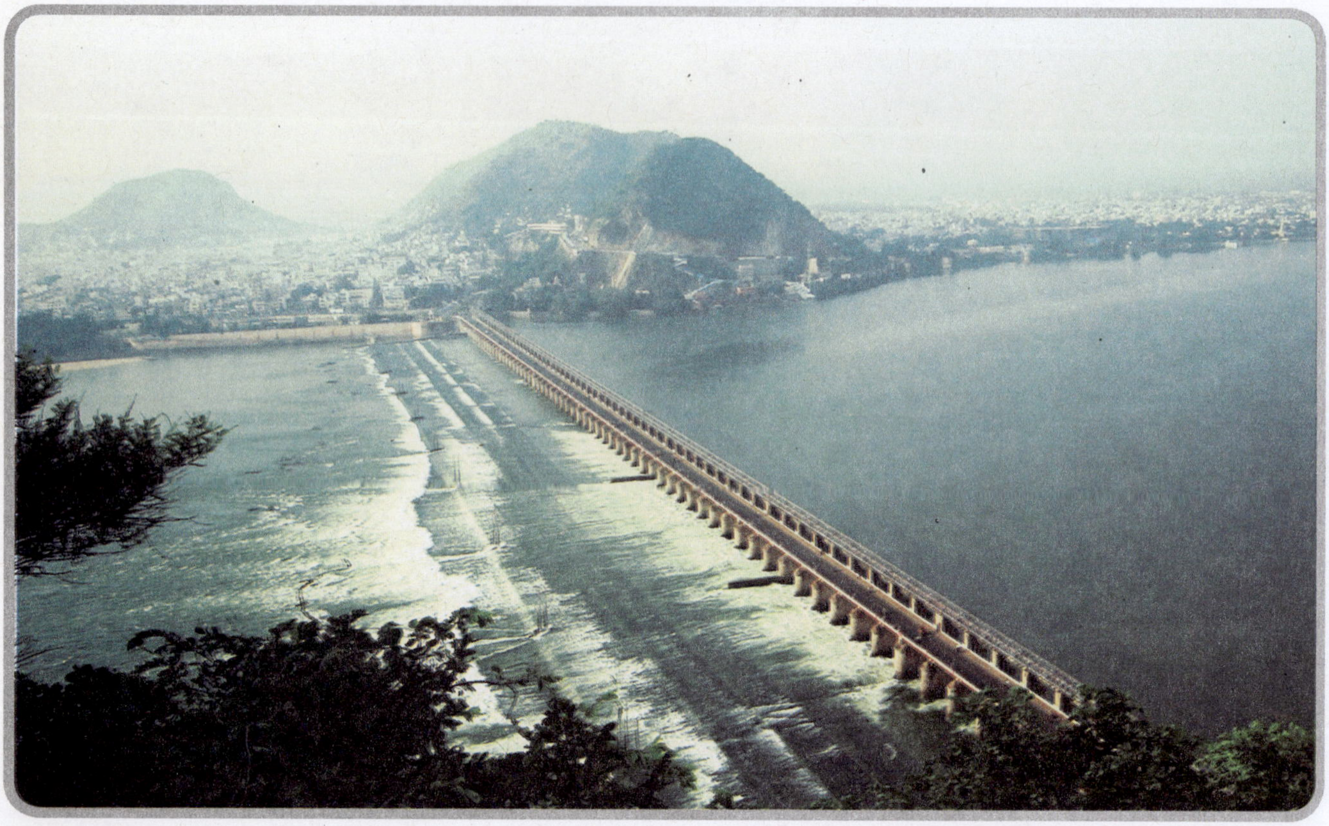

नागार्जुन सागर झील

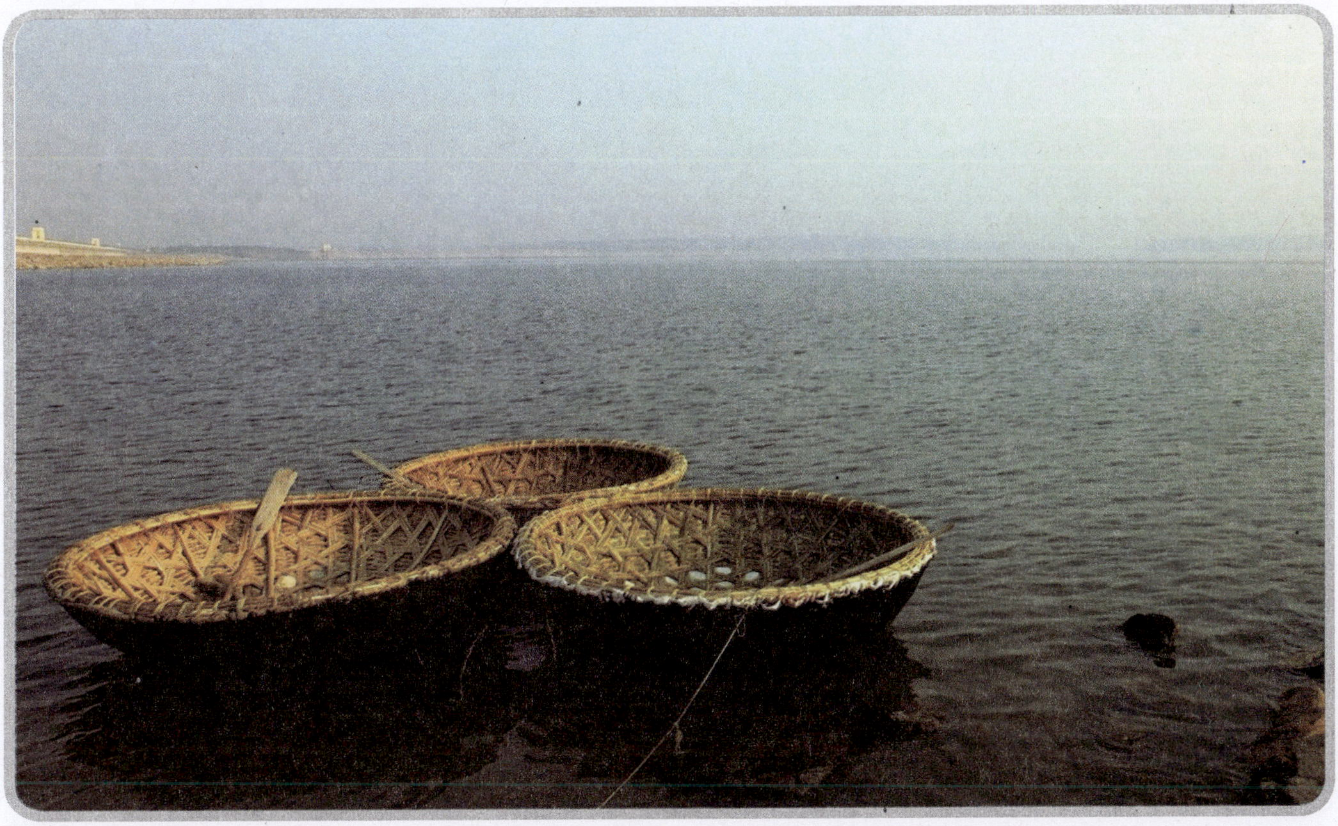

पिचोला झील

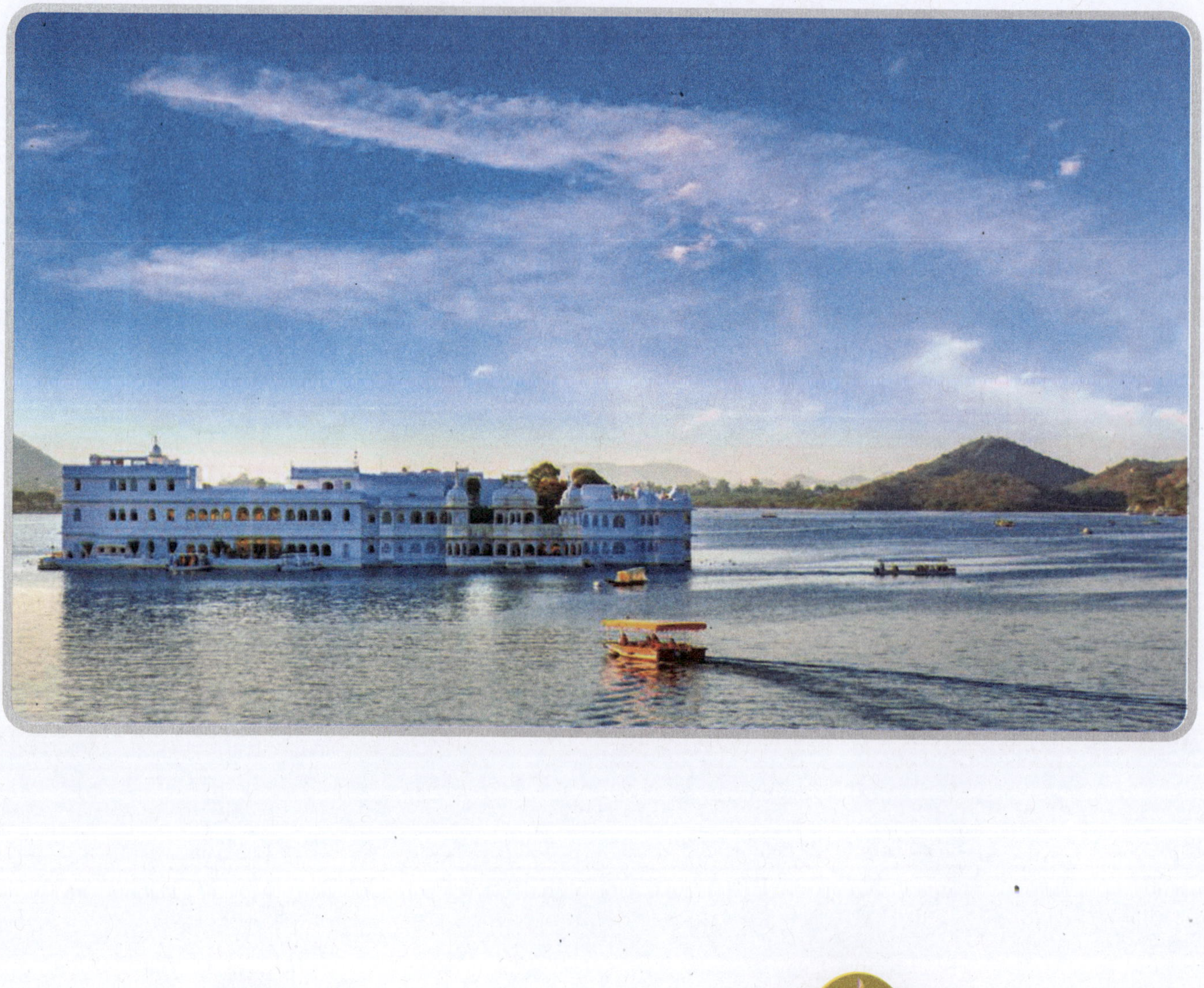

झेलम नदी

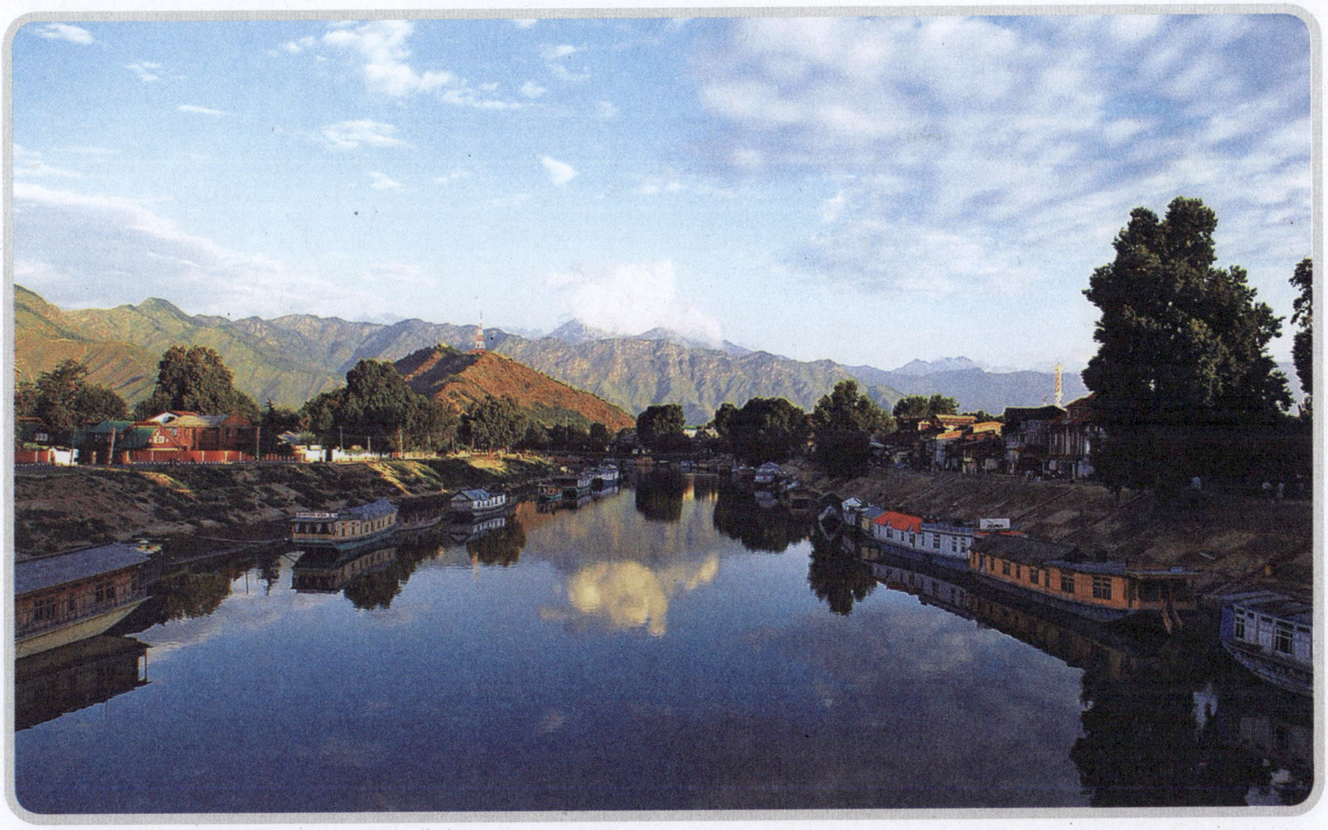

कावेरी नदी

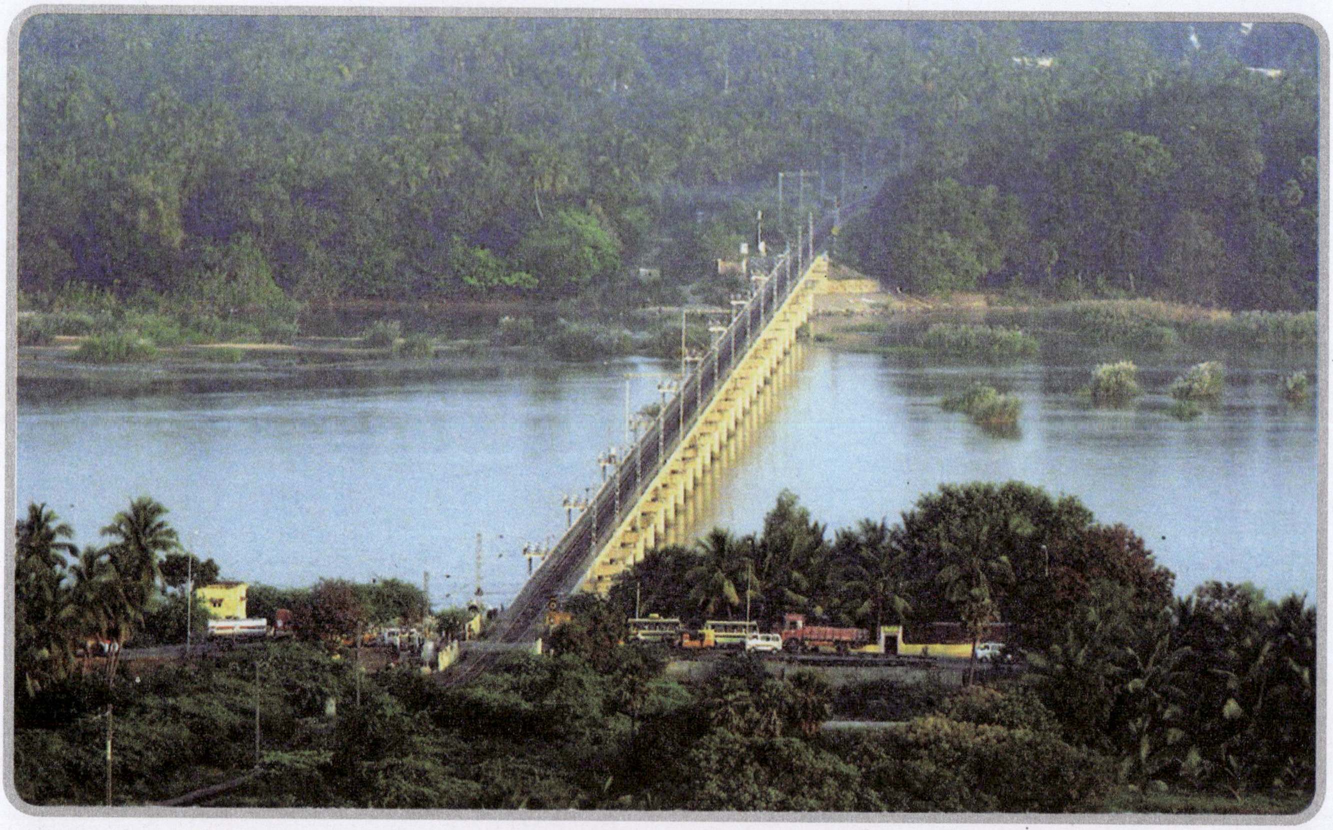

सरदार सरोवर झील

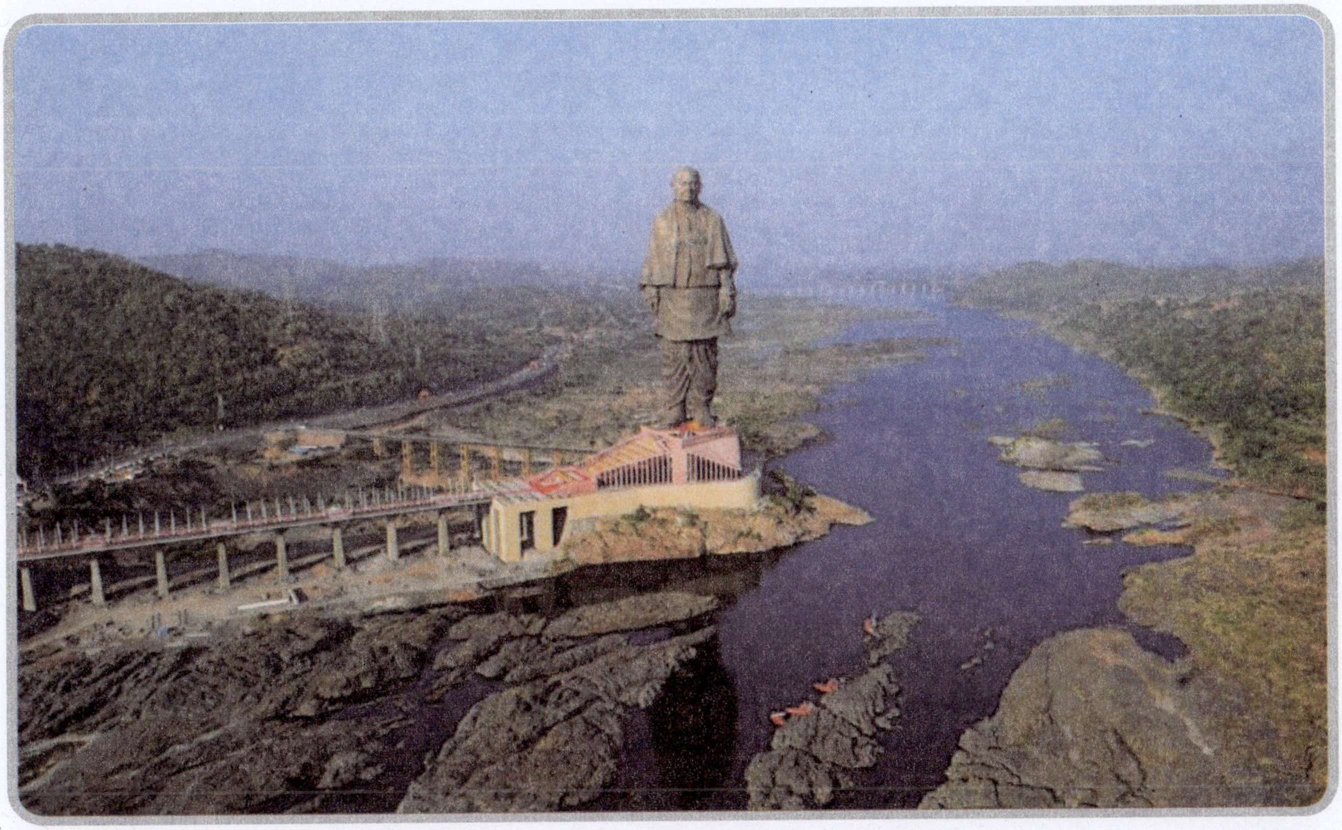

इंदिरा सागर झील

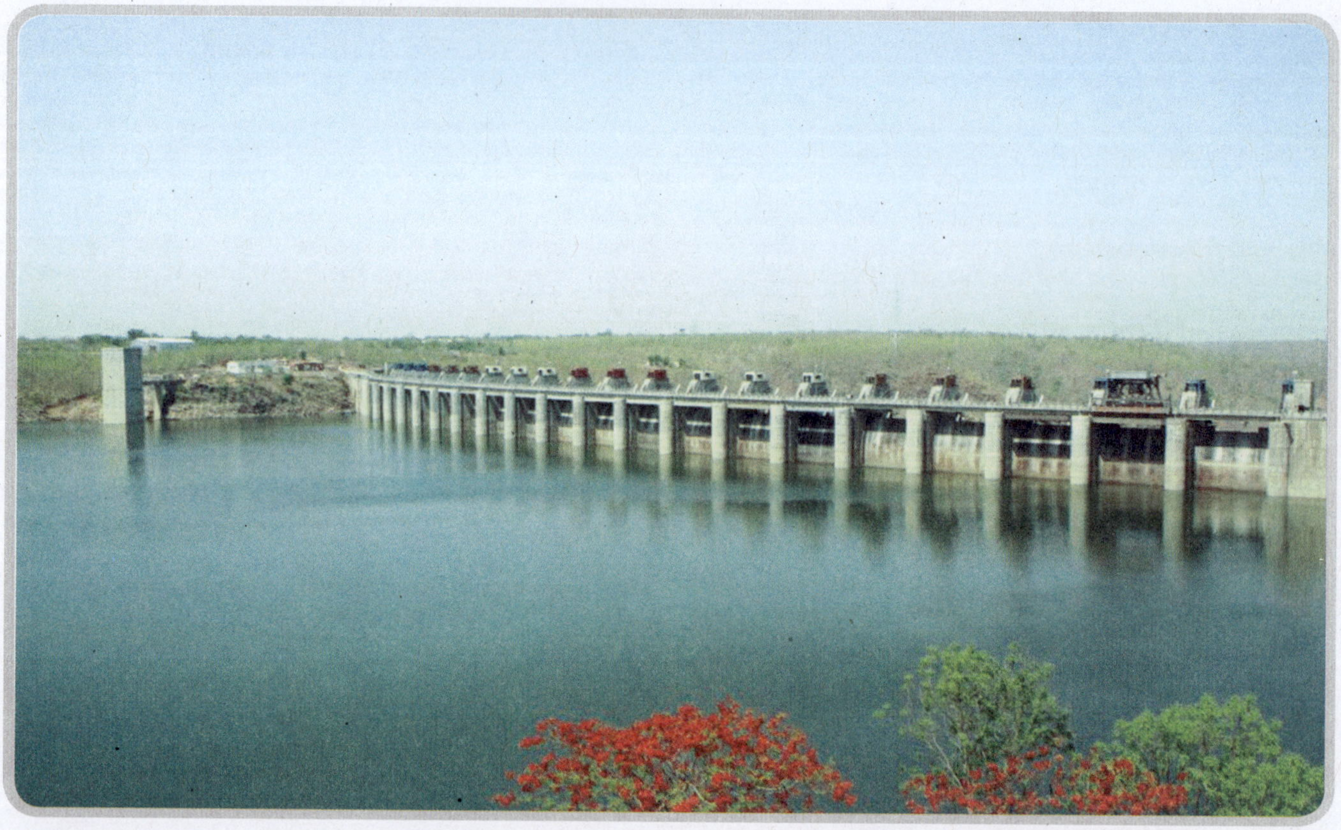

गोमती नदी

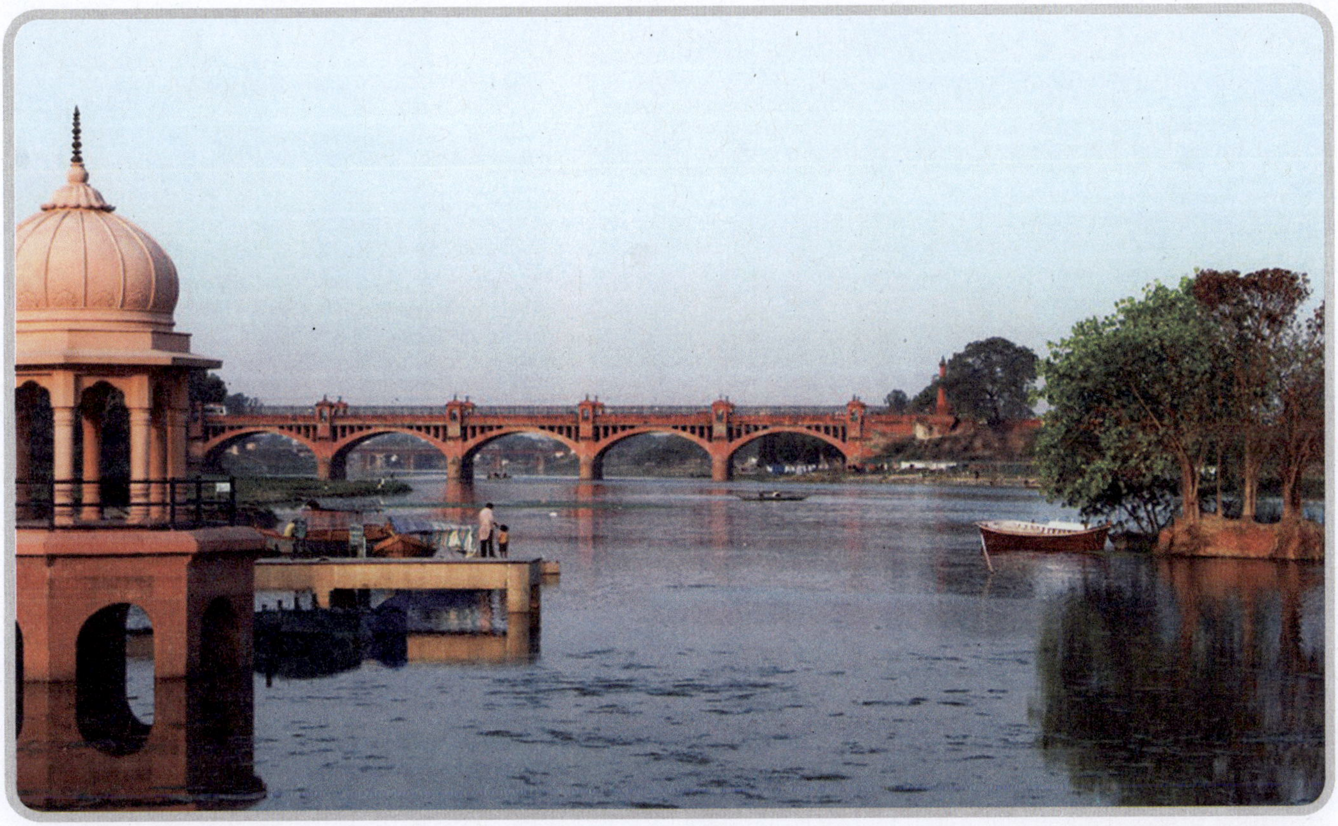

ब्रह्मपुत्र नदी

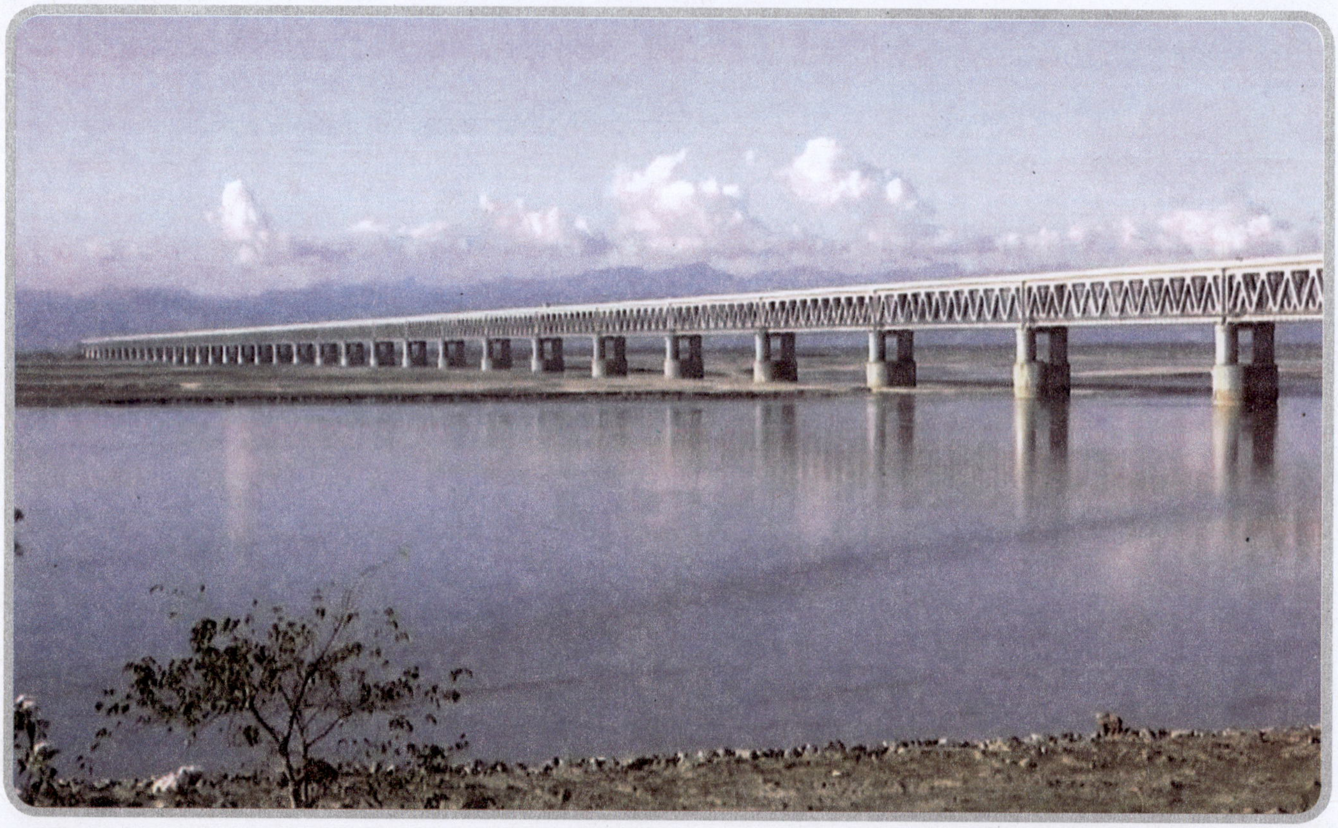